Forord

Denne nynorske diktboka er tenkt til utflytta nordmenn og etterkomarane deira, som gjerne vil ta vare på morsmålet sitt. Fleire frå mi slekt reiste til USA og mange vart verande der.

Nokre av dikta er henta frå dei to diktbøkene mine *Med katten på fanget*, 2011, og *Stikkvegar*, 2013. Eg håper at desse dikta kan lesast på norsk, med støtte frå omsetjingane. Dikta handlar ofte om kontakten mellom naturen og kjenslene våre, men også om samspel mellom menneske.

Eg takkar alle som vil halde ved like det norske språket sitt.

Foreword

This volume of poems in New Norwegian is intended for Norwegians who emigrated and their descendants, who wish to preserve their mother tongue. A number of my relatives immigrated to the USA, and many settled there.

Some of the poems in this book are selected from my two volumes of poetry: "The Cat in my Lap", 2011, and "Side Roads", 2013. I hope that these poems can be read in Norwegian, with the help of the translations. The poems are often about the contact between nature and our feelings, but also about the interplay between people.

I am grateful for all who wish to maintain their Norwegian language.

***

Ottar Løvoll

På vestlandsgard

Femten år på ein vestlandsgard
Eit arvegods frå ein oldefar
Femten år med så mange vende
dagane hadde ingen ende

Femten somrar på slåtteteigen
Femten vintrar på sledemeien
Femten haustar med spett og spade
alle steinane låg i rader

Åtte dagar ved møkkasleden
Åtte dagar med vinterveden
Åtte dagar bak åkerplogen
Åtte dagar i planteskogen

Femten år på ein vestlandsgard
Eit arvegods frå ein oldefar
Med spett, med spade
med ljå, med rive
Slik vart du bedda for heile livet

On a Western Farm

Fifteen years on a Western farm
An inheritance from a great-grandfather
Fifteen years with so many turns of the plow
days without end

Fifteen summers in the hayfields
Fifteen winters on the sleigh runners
Fifteen falls with crowbar and spade
all the stones lay in rows

Eight days hauling muck
Eight days hauling firewood
Eight days behind the plow
Eight days working in the woods

Fifteen years on a western farm
An inheritance from a great-grandfather
With crowbar, with spade
with scythe, with rake
Forms your whole life

Trillebåra

Ved låveveggen
står trillebåra
med ei hakke og ei greip

Det er ho som er guiden
på garden no

Det er ho som held tale
til turistane

Sjå, seier ho
Eg står her på felgen
og trillar verdsarven ut
over markane mine

The Wheelbarrow

The wheelbarrow
leans against the barn wall
with a pitchfork and a hoe

She is the guide
on the farm now

She is the one who speaks
to the tourists

See, she says
I stand here on my wheelrim
and wheel my inheritance
over my fields

I høyonna

Då laurdagen kom
strauk vi kvardagen frå panna
og vaska jorda av

Bygda låg grøn og saftig
og saug oss inn til danseplassen
Der dansa vi halve natta
og skjøna meininga med livet

Dagane etterpå
stødde vi oss på høygaffelen
og køyrde små reprisar
med smil om munnen

During Haying

When Saturday came
we brushed the humdrum out of our heads
and washed the everyday off

The countryside lay green and lush
and drew us in to the dance floor
There we danced the night away
and understood the meaning of life

For many days after
we leaned on our hay forks
and replayed small memories
with a smile on our lips

Gamlebyen

Så stille dei er
husa i gamlebyen
Slitne og trøytte
men likevel inderleg
som eit morsfang
tek dei i mot oss
og bed oss inn

Ingen kan døy
i slike hus
Dei lever og andar
i alle spor
Sjå vogga har merke
frå foten til mor
Eit stempel av slit
og av glede

The Old Town

They are so quiet
the houses in the Old Town
Worn out and tired
but intimate all the same
like a mother's lap
they welcome us
and invite us in

No one can die
in houses like these
They live and breathe
in all the traces
See how the cradle has marks
from mother's foot
A mark of toil
and joy

Sorg og glede

Eg såldar mine sorger
og gleder
for å skilje dei store
frå dei små

Ikkje for å kaste
Ikkje for å gøyme
Men for å setje dei
på rekkje
etter storleiken

Flytte dei som i ein leik
for å sjå alle variantane
av eit menneskeliv

Sorrow and Joy

I sift through my sorrows
and my joys
to distinguish the large
from the small

Not to throw them away
Not to preserve them
But to put them
in order
according to size

Move them around as in a game
to see all the variations
in a person's life

Trappa

Kvar laurdagsnatt
opp den lange loftstrappa

Alle dei knirkande trinna
som snakka til heile huset

Øving gjer meister

Midt på dei kvite kritmerka
skulle føtene setjast

Ein glidande skugge
over kvite merke

Ei trapp med innøvd teieplikt

The Stairway

Every Saturday night
up the long stairway to the attic

Up all the creaking steps
that tell the whole house

Practice makes perfect

You are supposed to put your feet
right in the middle of the white chalk marks

A shadow gliding
over the white marks

A stair with practiced promise of silence

Klokkene frå tårnet

Høyr klokkene frå tårnet
No legg dei si tyngd over deg
og seier sitt

Ikkje berre som ei glede
Ikkje berre som ei sorg

Meir som eit samandrag
på ni slag

No er det sagt
No er det kjent
No er det kome frå malmen

From the Bell Tower

Listen to the bells in the tower
Ringing somberly over you
sending their message

Not only with joy
Not only in sorrow

More like a summary
with nine strokes

Now it's been said
Now it is known
Now it has come from the sounding brass

Glorien

Det var synd
med denne glorien din
At du snudde han feil veg
så han lyser berre nedover

Og at du seinare
ikkje ville snu han
men bruke han som eit ljos
for din eigen fot

The Halo

It's too bad
about your halo
That you turned it around the wrong way
so it only shines downward

And that later
you didn't want to turn it around again
but use it as a light
for your own feet

Augo

Augo som ser
og augo som ikkje ser
Augo som ikkje ser
men som ser likevel

Augo som ser det synlege
og augo som ser det usynlege
Dei som ser inni deg
og les tankane dine

Dei som måler deg
og ser granskande på deg
utan å spørje

Augo som overser deg
og glir fort forbi
Augo som berre ser
det dei vil sjå
og dei som berre ser syner

Eyes

Eyes that see
and eyes that don't see
Eyes that don't look
but see all the same

Eyes that see what is visible
and eyes that see the invisible
Those that see inside you
and read your thoughts

Those that judge you
and look searchingly at you
without asking questions

Eyes that ignore you
and glide quickly past you
Eyes that see only
what they want to see
and those that see only ghosts

Haustmorgon

No bit det frost mot hud
Det knasar i den tynne is
i morgondis

Dei lange strå har kåpe på
av sølv som skin
Og trea står og glitrar
kledd i hermelin

I det kalde morgonland
går sorg og glede hand i hand
og spør
Svarte eller kvite slør?

Autumn Morning

Now frost bites the skin
It crackles in the thin ice
in the morning mist

The tall grass wears a coat
of silver like moonshine
And the trees stand glittering
dressed in ermine

In this cold morning land
joy and sorrow walk hand in hand
and ask
Black or white veil?

Slik to elvar møtest

Slik to elvar møtest
og blir til ei
Slik vil eg møte deg

Slik at det ikkje lenger
er eg eller du
men berre vi

At det er vi
heile vegen til havet

The Way two Rivers meet

The way two rivers meet
and become one
That is how I want to meet you

So there is no longer
a you or me
but only we

That it is only we
flowing together
all the way to the sea

Våren

Våren kjem ikkje alltid
utanfrå
men gjennom huda
frå ein sovande knupp

Sprengjer seg ut
til ei klokke
med ein dirrande støvberar
i midten

Spring

Spring doesn't always come
from outside
but through the skin
from a sleeping bud

Bursting open
to a bell flower
with a trembling stamen
in its center

Ny dag

Gardinene skjelv
Ein morgon er i rute
kviskrar gjennom glaset
om livet der ute

Ein dag set rot
Stiller seg med augo
midt imot, og spør
Har du sett meg før?

Nei, du er ny
Lys og spetta
med ei sky
som fyk av stad
i morgonbris

Er skya fri?
Kan ho gjere kva ho vil?
Fyke frå og fyke til
Segle bort med kven ho vil
i si morgonkåpe?

For ein dag!
Heile himmelen som motiv
for mitt eige liv?

New Day

The curtains flutter
Morning is on schedule
Whispering through the pane
about life outside the window

The day takes root
Stands with straightforward
gaze, and asks
Have you seen me before?

No, you're new
Bright and dappled
by a cloud
that blew away
in the morning breeze

Is the cloud free?
Can she sail where she will?
Blow here, blow there
Sail away with whomever she wishes
in her dressing gown?

What a day!
The entire sky as motif
for my own life?

Slipsknuten

Hugs at du rettar på
slipsknuten
før du går inn

Slipsknuten er
lik eit prosjektil
Han skyt deg fram
som ein mann med stil
og du kan skjule
din eigen tvil

Knuten sat som han var limt
men så vart det litt intimt
Midt i leiken varm og vill
drog ho galgesnora til

The Necktie

Remember to straighten
your tie
before you go in

The knot in your tie is
like a projectile
propelling you forward
as if you are a man with style
and you can hide
your own qualms

The knot sat as if glued
but that was a bit intimate
In the midst of the warm and wild pl
she tightened the noose

Sjalusien

Sjalusien kom ikkje same dagen
men dagen etterpå

Då såg han kjolen hang nyvaska
i tørkerommet

Som om den hadde vore ute
i hardt vêr

Jealousy

Jealousy didn't come the same day
but the day after

When he saw her freshly washed dress
hanging to dry

As if it had been out
in rough weather

På fjellet

Står du på fjellet
i sol og vind
Går du i regn
eller gråvêr

Så kjenn korleis
toppane
rundt omkring
løfter ditt sinn
frå tind til tind –
uendeleg langt utover

On the Mountain

If you stand on the mountainside
in the sun and the wind
If you walk in the rain
or gloomy weather

You can feel how
the mountaintops
around about you
lift your soul
from peak to peak –
far beyond infinity

Ved elva

På den flate grøne
elvekanten
stoggar eg og lever
med elva

Sjå, seier ho
Sjå alle dei lange
svingane
eg har laga

Slik får eg lengre tid
her som det er så fint

By the River

On the flat green
riverbank
I stop and am one with
the river

Look, she says
See all the long
bends
I've made

So I have more time
here where it is so lovely

Søyleospa

Sjå den fine kroppen min
seier søyleospa
Sjå den slanke midja

Du, seier bjørka undrande
Du som ikkje har fått av deg
korsettet enno
Er du fri?

Kan greinene dine
ta fuglane ned frå himmelen
når vårfesten startar?

The Columnar Aspen

See my beautiful body
says the columnar aspen
See my slender waist

You, says the birch, wondering
You who haven't even removed your
corset yet
Are you free?

Can your branches
take in the birds from the sky
when springtime comes?

Nattmat

Om kvelden kjem havet
inn til strendene
for å ete nattmat

Stilt og usynleg
nuppar det langs stranda
med små tygg

Stranda sender taren
sin ut i forsvar
men havet har god tid
og kan tygge heile natta

Når dagen kjem
glir det ut til sin eigen blåne
som om ingenting
var hendt

Evening Snack

At night the sea
approaches the shore
for its evening snack

Silently, invisibly
it laps along the beach
snatching small bites

The shore dispatches its
seaweed in defense
but the sea has plenty of time
and can nibble all night long

When daylight comes
it drifts out again towards its own horizon
as if nothing
has happened

Som eit frø

Som eit frø
som ikkje finn mold
Slik, seier du
Nettopp slik

Når kimen sprengjer
mot skalet
og skalet held og held

Det nyttar ikkje
utan mold
seier skalet
Det nyttar ikkje

Kimen vil ikkje høyre
Kimen vil ikkje lære

Kimen vil berre sprengje
til døden

Like a Seed

Like a seed
that can't find soil
Like that, you say
Just like that

The seed presses
against the husk
but the husk doesn't break

It doesn't do any good
without soil
says the husk
It doesn't do any good

The seed doesn't listen
The seed doesn't want to learn

The seed only wants to burst open
and die